AUDREY HEPBURN

Montando biografias. Audrey Hepburn
Título original: *Biografías para armar. Audrey Hepburn*
Textos: Daniel Balmaceda
Ilustrações: Pablo Bernasconi

Investigação: Patricia Gutiérrez Méndez
Coordenação editorial: Florencia Carrizo
Edição de texto: Florencia Errecarte y Cristina Paoloni
Tradução: Carolina Caires Coelho
Revisão: Tomaz Adour
Design gráfico: Pablo Ayala

Primeira edição.

Catapulta editores

R. Adib Auada, 35 Sala 310 Bloco C
Bairro: Granja Viana - CEP: 06710-700 – Cotia – São Paulo.
E-mail: infobr@catapulta.net
Web: www.catapulta.net

ISBN 978-85-92689-46-9

Impresso na China em março de 2019.
Complemento feito na China.

Balmaceda, Daniel
Montando biografias : Audrey Hepburn / [textos] Daniel Balmaceda ; [ilustrações] Pablo Bernasconi ; [tradução Carolina Caires Coelho]. -- Cotia, SP : Catapulta, 2019.

Título original: Biografías para armar : Audrey Hepburn.
ISBN 978-85-92689-46-9

1. Atores e atrizes cinematográficas - Estados Unidos - Biografia 2. Hepburn, Audrey, 1929-1993 - Biografia. 3. Literatura infantojuvenil.
I. Bernasconi, Pablo. II. Título.
18-22545 CDD-791.43028092

Índices para catálogo sistemático:
1. Escritores franceses : Biografia : Literatura infantojuvenil 028.5
2. Escritores franceses : Biografia : Literatura Juvenil 028.5
Iolanda Rodrigues Biode - Bibliotecária - CRB-8/10014

Livro de edição brasileira.

MONTANDO BIOGRAFIAS

AUDREY HEPBURN

DANIEL BALMACEDA · PABLO BERNASCONI

Catapulta junior

ÍNDICE

Tinham viajado em um avião militar, sentados em cima de sacos de arroz.

Ela estava feliz com a decisão que tinha tomado, mas ao mesmo tempo, parecia nervosa. Ninguém melhor do que ela sabia quanto a dor alheia a afetava. Ainda mais no caso de uma criança. Fazia tempo que não estrelava em nenhum filme e não tinha interesse em fazê-lo. Sentia que precisava devolver ao mundo o que o mundo havia lhe dado.

A Etiópia era o país mais pobre do mundo, mesmo que aparentemente ninguém soubesse disso.

Aterrissaram e tudo foi tomado pelo cheiro de terra seca. Um carro os levou a um refúgio. Audrey deixou ali as poucas coisas que tinha levado. Quis começar a trabalhar imediatamente.

À medida que eles visitavam os lugares arrasados pela seca e pela fome — hospitais, orfanatos e campos de refugiados —, ela notava que todas as crianças tinham a mesma expressão. Não havia dor em seus semblantes, nem tristeza, nem alegria. Eram faces desprovidas de sentimentos. Eram rostos sem esperança.

Ela, que desde criança havia aprendido a esconder a dor, se enfureceu… Sentiu raiva. Ira.

Correu até um menino que dormia de fome ao lado de uma cabana de barro. Ela o pegou nos braços, o levantou e procurou um fotógrafo e um cinegrafista. Audrey, deslocada e sem dizer nada, olhava para a câmara e mostrava o menino que protegia em seus braços.

O mundo tinha que tomar conhecimento. Tinha que parar e observar o que estava ocorrendo.

Aquele seria seu trabalho. Dizer ao mundo inteiro que havia crianças que sofriam e que isso era inaceitável.

Audrey Hepburn finalmente havia encontrado o papel que tinha que interpretar.

O papel mais importante de sua vida.

1. UMA MENINA DE GRANDES OLHOS ESCUROS

A mãe de Audrey, a esplêndida baronesa Ella van Heemstra, nasceu no seio de uma família aristocrática holandesa e vivia rodeada de luxos, sempre atendida por empregados. Tinha uma voz maravilhosa e na juventude sonhava em se tornar cantora de ópera. No entanto, a vida a levaria por outro caminho. Aos dezenove anos, casou-se com um nobre de origem holandesa, como ela, e teve dois filhos: Alex e Ian. A baronesa, que era uma mulher decidida e audaz, não estava muito feliz no casamento e decidiu se divorciar.

Ella van Heemstra poderia ter continuado com sua vida de luxos e ter desfrutado da fortuna da família Mas apesar da origem aristocrática, foi trabalhar em um escritório para sustentar os dois filhos.

Depois de algum tempo, conheceu Joseph Victor Ruston Hepburn. Ele era casado; a condessa era divorciada, e eles se apaixonaram. Se apaixonaram. Apesar das dificuldades e da diferença de idade (Joseph era onze anos mais velho do que Ella), deram início a um romance.

Em setembro de 1926, eles se casaram.

A Europa, aos poucos, se recuperava da Primeira Guerra Mundial, que tinha terminado em 1918. A vida, aos poucos, voltava ao eixo.

A relação do casal parecia ir bem. Mas com o tempo, começaram as dificuldades. Joseph não gostava muito de trabalhar, não tinha emprego fixo e parecia mais interessado no título de nobreza de Ella do que em sua pessoa.

A baronesa, apesar de tudo, amava o marido e desejava profundamente que a união desse certo. Por esse motivo, pediu ajuda a seu pai, que conseguiu um trabalho para Joseph na Bélgica.

Para lá, os quatro se mudaram: Ella, Joseph, Ian e Alex.

No dia 4 de maio de 1929, nasceu, em Bruxelas, a pequena Audrey Kathleen Hepburn-Ruston, a única filha do casal. E seu nome foi este. Com o sobrenome da avó materna antes do sobrenome do pai, por decisão do *senhor* Ruston.

Semanas mais tarde, os pais registraram o nascimento de Audrey no consulado britânico na Bélgica. Assim, apesar de ter nascido em Bruxelas, a garota obteve a nacionalidade inglesa, à qual tinha direito por ser filha de um cidadão britânico.

A infância de Audrey foi difícil, mas feliz, já que desde muito nova aprendeu a ver o lado positivo das coisas e das experiências que vivia.

Ruston não era um homem expressivo e Audrey era uma menina com muita necessidade de ser amada, e adorava o pai. Por mais que fizesse o impossível para chamar a atenção dele, nunca conseguia.

A menina sofria demais com a indiferença do pai.

A baronesa também não demonstrava sentimentos, por mais que se desdobrasse por ela. Com o tempo, a pequena Audrey compreendeu que, ainda que a mãe não fosse muito carinhosa, sentia por ela um amor profundo.

Nem sempre o amor é expressado com carinho.

Nem com mimos.

Nem com abraços.

Às vezes, as atitudes falam por si.

A nobre dama estava sempre dando atenção aos três filhos. Lia histórias para eles, e, além disso, ensinou os três a ler, a escrever e a apreciar a música. Também ensinou os três a terem disciplina e a amar o trabalho. E também a se comprometerem com tudo o que fizessem na vida, por menos importante que fosse. E, especialmente, educou os três para que fossem carinhosos e respeitosos com todas as pessoas que os cercavam. Por isso, na casa de Audrey, os empregados sempre foram considerados parte da família.

Enquanto morou na Bélgica, Audrey deixava em um canto as bonecas que ganhava de presente de seus pais. Preferia brincar com seus irmãos, subir em árvores e aproveitar a vida ao ar livre.

Eles se divertiam muito brincando de esconde-esconde e pregando peças! Audrey se sentia mais feliz quando brincava com os animais, principalmente com um cãozinho terrier, o mascote da família, que sempre a acompanhava.

Sua mãe era muito exigente no que dizia respeito ao comportamento dos filhos: não era educado falar de si mesmo nem chamar atenção. Ela também não gostava quando eles brincavam de maneira grosseira, o que eles adoravam fazer.

Como Ella e Joseph adoravam música, na casa da família, o gramofone (o aparelho que tocava as canções) estava sempre funcionando, e Audrey dançava ao som de qualquer música. Era só ouvir, e começava a se balançar.

Em uma oportunidade, Audrey foi à Inglaterra com sua mãe.

Enquanto passeavam por um parque em Folkestone, a pequena soltou a mão de Ella e desapareceu de perto dela. A mãe, desesperada,

a procurou pelo parque todo, chamando aos gritos: "Audrey! Audrey! Onde você está?".

Em pouco tempo, Ella viu uma banda militar que tocava no meio de um grupo de muitas pessoas. Ali estava ela! Ao se aproximar, viu a pequena filha dançando ao ritmo da música para a alegria de todos.

A pequena Audrey não gostava só da música, mas também do mundo maravilhoso dos livros. Seus preferidos eram *O Livro da Selva*, de Rudyard Kipling, e *Os heróis*, de Charles Kingsley, que narrava histórias dos heróis da mitologia grega. Ela adorava as aventuras de Perseu, as viagens de Jasão e dos argonautas por mares desconhecidos e do embate entre Teseu e o temível Minotauro!

Se imaginava dividindo as viagens e as aventuras com os heróis mitológicos. Os livros foram seu refúgio quando, em 1935, seus pais se separaram. Esse acontecimento foi devastador para a pequena Audrey.

Logo depois do divórcio, Joseph, o pai, foi embora da casa da família e nunca mais voltou. Audrey, abatida por esse abandono, se apegou à mãe e aos irmãos para seguir em frente.

Ella van Heemstra decidiu, então, voltar com seus filhos para a tranquila cidade holandesa de Arnhem, onde tinha nascido e onde viviam seus pais.

Para Audrey, os momentos vividos com seus avós eram como um oásis. No entanto, uma sombra ameaçava transformar a vida tranquila em Arnhem. A situação política e econômica europeia começava a se complicar.

A baronesa decidiu enviar sua filha para um internato na Inglaterra, onde vivia o pai da menina. Durante todo o tempo que Audrey passou ali, entre 1936 e 1939, seu pai a visitou apenas algumas vezes.

Os primeiros dias no internato foram aterrorizantes para Audrey... Sozinha, longe de sua família e em um país que não era o seu! Mas, como contaria muito tempo depois, essa experiência serviu para que aprendesse a ser independente.

Audrey odiava as aulas de matemática e de aritmética, e gostava muito das aulas de astronomia, história e mitologia. Mais do que tudo, adorava as aulas de dança! Dançar era o que mais gostava de fazer no mundo.

A essa altura, a menina falava inglês, que tinha aprendido com seu pai; holandês, aprendido com a mãe, e francês, por ter vivido na Bélgica. Era uma pequena poliglota.

No dia 4 de maio de 1939, quando completou dez anos, participou de uma apresentação de dança. E Ella, sua mãe, viajou para a Inglaterra especialmente para vê-la dançar. Como daquela vez no parque.

Naquele dia, na presença de sua mãe, Audrey brilhou diante de um cenário pela segunda vez.

2. SOBREVIVEU A UMA GUERRA

O ano de 1939 foi crucial na vida de Audrey. A Segunda Guerra Mundial na Europa começou e sua infância foi interrompida abruptamente.

A mãe de Audrey acreditava que a Alemanha não atacaria a Holanda e que, na casa de seus pais, na tranquila cidade de Arnhem, poderia estar a salvo da guerra. Por isso, tirou a filha do internato na Inglaterra e a levou de volta à Holanda. Mas o país também foi invadido pela Alemanha e os anos seguintes não poderiam ter sido imaginados pela mãe de Audrey nem em seus piores pesadelos.

Certa manhã, Audrey dormia na casa dos avós. Sua mãe entrou no quarto, abriu as cortinas e disse:

"Acorde. Estamos em guerra."

Audrey nunca se esqueceria daquele momento.

Os nazistas ocuparam Arnhem e passaram a matar seus cidadãos.

A cidade deixou de ser um lugar encantador e pitoresco. Nas ruas, não mais se via crianças correndo e brincando. Só se ouviam os passos de botas dos soldados, marchando, e de tanques destruindo os paralelepípedos das ruas. Como se o inverno tivesse tomado conta de tudo. Como se nunca mais a primavera fosse chegar.

O invasor permitiu que a família de Audrey, os Van Heemstra, continuasse morando em sua casa, mas se apropriou de todas as suas joias e contas bancárias.

A Inglaterra era o principal inimigo da Alemanha. Para ocultar a nacionalidade inglesa de sua filha, a baronesa trocou o nome de Audrey pelo nome Edda van Heemstra. Assim foi matriculada na escola e assim passou a ser chamada durante a guerra. Aceitou esse fato com naturalidade: se era preciso mudar seu nome para sobreviver, faria isso sem questionar.

As despensas e os sótãos das casas se transformaram em refúgios para as famílias durante os bombardeios. Em pouco tempo, a comida se tornou escassa, já que tudo o que era produzido era saqueado pelos nazistas para que as tropas fossem alimentadas. As famílias, incluindo os Van Heemstra, tinham que racionar tudo o que tinham.

No início da década de 1940, Alex, um dos meios-irmãos de Audrey, que estava lutando no exercício holandês, desapareceu. A angústia tomou conta da menina, que passou dias inteiros chorando pela vida de seu irmão.

No entanto, na guerra não há tempo para chorar. Afinal, quando se está angustiado por alguma situação, de repente ocorrem muitas outras, talvez piores. As pessoas vivem e lutam para continuar com vida e, pouco a pouco, vão se desumanizando. Muitas ficam indiferentes e só se preocupam em salvar a si mesmos. Mas isso não aconteceu com a família de Audrey.

A mãe havia ensinado os filhos a se preocuparem com os outros.

Ainda mais em situações de grandes perdas. Ainda mais diante de perigo de morte.

Ian, o outro meio-irmão de Audrey, começou a trabalhar na Resistência, um movimento que lutava pela liberdade contra a ocupação dos nazistas.

Apesar da dor e da angústia da guerra, a vida seguia seu curso.

A baronesa tentava fazer com que Audrey deixasse de pensar na guerra e sabia que um baile poderia ser uma maneira de conseguir isso. Dançar era o que Audrey mais adorava fazer no mundo!

Em 1941, quando tinha apenas doze anos, Audrey entrou no Conservatório de Arnhem. Lá, não só revelou todo seu talento para a dança, mas demonstrou seu compromisso com a liberdade, já que também se uniu à Resistência.

Juntamente com outras companheiras de Conservatório, fazia apresentações em casas particulares para levantar dinheiro para o movimento antinazista. Sua mãe sempre lhe acompanhava e colaborava, fazendo as roupas das bailarinas.

Tais apresentações tinham que ser feitas em segredo. Eram chamadas de apresentações negras, porque tinham que ser realizadas quase às escuras e os presentes não podiam aplaudir com medo de serem descobertos. Esses encontros eram muito arriscados. Se os nazistas soubessem disso, todos poderiam ser enviados a um campo de concentração. Mas Audrey e sua mãe não ficaram de braços cruzados.

Durante aqueles anos negros, as ruas eram cenários de situações horrorosas. Em uma ocasião, Audrey viu, com os próprios olhos, um tio, dois de seus primos e quatro vizinhos serem fuzilados pelos nazistas. Apesar de o horror ter afetado a menina, esse fato tenebroso lhe deu mais força para seguir em frente. E foi então que um fato inesperado a colocou em um lugar de destaque.

Em 1943, um paraquedista inglês caiu em um bosque próximo a Arnhem. Audrey, com catorze anos, recebeu a responsabilidade de entrar ali para passar uma mensagem secreta. A menina foi à mata com uma cesta, fingindo colher flores.

Quando encontrou a localização que haviam indicado a ela, começou a cantar em inglês, em voz alta (na letra da canção estava escondida a mensagem), enquanto colhia flores. Terminou de cantar e, quando pegava a última flor, ao se abaixar, viu duas botas pretas. Olhou para a frente com cuidado. Era um soldado inimigo.

Ela parou. Tremia, mas sabia que não podia demonstrar medo.

Ele olhou para ela.

Ela olhou para ele. E decidiu recebê-lo com um sorriso e com uma reverência, como se fosse um passo de dança.

O soldado retribuiu o sorriso e deixou que ela seguisse em frente.

Audrey seguiu seu caminho sem correr, por mais que quisesse sair voando dali!

Ao chegar em casa, abraçou a mãe. Não chorou.

Tinha aprendido a conter as lágrimas.

Até 1944, as coisas na casa dos Van Heemstra ficaram muito difíceis. A guerra já durava quase seis anos e a escassez se tornou ainda mais grave. À família de Audrey também tinham se unido um tio e uma tia, todos morando sob o mesmo teto. Para racionar os alimentos, tiveram que optar por comer só uma vez por dia. Não tinham dinheiro para comprar mais comida, e não havia o que comprar.

A mãe de Audrey inventava maneiras de conseguir alimentar a família: sopas de grama e bulbos de tulipa cozidos. Tudo servia. Mas não era o bastante.

Além da falta de alimentos, também ficaram mais escassos o combustível para a calefação e a água. A família passava dias inteiros praticamente sem comer, tremendo de frio, no escuro, dentro da casa.

Audrey começou a adoecer, estava muito fraca e desnutrida, e por isso teve que abandonar as aulas de balé.

Tentava se distrair escrevendo para sua avó paterna, que vivia na Áustria. Esperava ansiosa pelas respostas que ela enviava. Mais do que tudo, esperava ter notícias de seu pai. Mas tais notícias nunca chegaram.

Naquele ano, as forças aliadas, Inglaterra, França, Estados Unidos e União Soviética, entre outras, decidiram pôr fim ao domínio alemão na Europa. Trinta e cinco mil paraquedistas saltaram para ocupar a ponte que atravessava o rio Reno, na cidade de Arnhem.

No entanto, o resultado da operação não foi o esperado. As defesas antiaéreas alemãs repeliram o ataque. O céu ficou iluminado por um fogo que se alastrou. A operação fracassou e os aliados não conseguiram ocupar a ponte de Arnhem.

Os nazistas, irados devido ao ataque aliado, decidiram se vingar.

Deram ordens para que a população se retirasse da cidade. Quem não obedecesse, seria fuzilado. Dez mil pessoas, entre elas, Audrey e sua família, começaram a difícil viagem de partida com os poucos pertences que tinham conseguido reunir. No caminho, três mil pessoas morreram. Mas a família de Audrey teve sorte, uma vez que conseguiu se refugiar na casa de um dos avós no povoado de Velp, perto de Arnhem. Ali também receberam outros peregrinos que vagavam à procura de um lugar para se abrigar.

Em Velp, a escassez de alimentos era ainda maior do que em Arnhem. Audrey, demonstrando uma valentia surpreendente, decidiu voltar a sua cidade, ainda sitiada pelos inimigos, para buscar alimentos.

Tinha quase dezesseis anos. Partiu com uma sacola e com a ideia de enchê-la de alimentos. Caminhou escondendo-se entre as ruínas do que já tinha sido um povoado pitoresco. O cheiro de fumo e de pólvora era forte e se misturava com o cheiro de morte. As casas já não eram casas. Na verdade, eram pedras e ladrilhos que mal paravam de pé. Audrey analisou cada canto. Abriu a despensa de todas as casas abandonadas. Depois de muitas horas, conseguiu reunir algumas latas de legumes e conservas. Tinha enchido o bolso e estava prestes a voltar a Velp quando ouviu um barulho alto que se aproximava cada vez mais. Era um tanque de guerra alemão. Audrey, a essa altura, já tinha experiência de guerra e sabia que não podia se deixar paralisar pelo medo, tinha que pensar friamente para salvar sua pele.

Encontrou um sótão e ali se escondeu sem fazer barulho, para que os alemães não notassem sua presença.

Enquanto isso, a família esperava ansiosamente por seu retorno.

Ao ouvir o menor ruído que fosse, até o leve farfalhar das folhas ao vento, a baronesa se sobressaltava porque acreditava ser sua filha voltando para casa, sã e salva. Noites e dias se passaram sem novidades. A mãe de Audrey torcia para que a filha estivesse bem, mas também sabia que na guerra ninguém tem certezas, qualquer coisa pode acontecer.

Depois de dias e horas intermináveis, Audrey voltou faminta para Velp, e também fraca, esgotada, adoentada, mas viva. Estava decidida a sobreviver, a guerra não duraria eternamente. E assim aconteceu. Em 1945, a Europa toda foi libertada pelos países aliados à França e à Grã-Bretanha. A Segunda Guerra Mundial finalmente tinha terminado.

Audrey recebeu as notícias do fim da guerra como um sinal de que bons tempos estavam começando. Seus dois meios-irmãos estavam vivos e voltaram a morar com a família. A baronesa, então, pela primeira vez na vida, chorou na frente dos filhos.

Os sofrimentos vividos durante a guerra tinham prejudicado a saúde de Audrey. Continuava muito fraca, tinha que tomar remédios e, além disso, seguir uma alimentação adequada, o que era muito difícil de conseguir no pós-guerra.

Uma agência das Nações Unidas a ajudou a se recuperar. Foi a UNRRA (Administração das Nações Unidas para o Auxílio e a Reabilitação), precursora da Unicef. Essa organização se dedicava a dar ajuda às vítimas da guerra. Audrey nunca se esqueceria daquela ajuda. A UNRRA, de certo modo, havia salvado sua vida.

As necessidades do pós-guerra eram tantas que a adolescente, com as poucas forças que tinha, foi com a mãe a um hospital de Amsterdam para ajudar no cuidado com os pacientes. Não cuidava apenas das necessidades físicas deles, mas também lhes dava alento e consolo.

A humanidade de Audrey ficou clara desde quando ela era muito pequena.

3. SEU SONHO ERA DANÇAR

Fim da guerra. Lentamente, a Europa começou a se reconstruir e a procurar sarar as feridas para poder viver uma vida mais tranquila e normal possível.

A mãe de Audrey, sempre com um olhar positivo, procurava animar a menina, que parecia desanimada e melancólica. "Não se preocupe, querida", dizia ela, "apenas siga adiante." E Audrey fez isso.

Sem o conforto econômico de antes, porque a guerra muda tudo, a baronesa trabalhava como cozinheira para manter a família, pagar o aluguel do pequeno apartamento em que viviam em Amsterdam e as aulas de dança de Audrey.

Acreditava no talento da filha e estava decidida a ajudá-la a se formar e ter as ferramentas necessárias para ter sucesso.

Audrey estava cada vez mais deprimida. Tinha sido educada por sua mãe para não se queixar em nenhum momento, para sempre fazer cara boa diante das piores circunstâncias. Mas ela era uma jovem que tinha sofrido muito desde a infância, principalmente devido ao abandono do pai e por ter ido para um colégio interno em um país que não era o seu. Depois, a guerra, a fome e as doenças, os bombardeios e os assassinatos que tinha testemunhado com os próprios olhos. Aquelas experiências terríveis tinham deixado suas marcas em Audrey.

Em 1947, foi publicado o diário pessoal de Anne Frank, uma menina judia da mesma idade que Audrey, que havia passado cerca de dois anos escondida, juntamente com sua família, em um quarto pequeno atrás de uma biblioteca em Amsterdam, até serem capturados pelos nazistas e enviados a um campo de concentração. Anne morreu um mês antes de as tropas aliadas chegarem para libertá-los.

A leitura desse livro foi muito arrasadora para Audrey, que se identificou muito com Anne. Mas compreendeu que ela e sua família tinham sido muito sortudos por terem sobrevivido.

Preocupada com a filha, a baronesa decidiu se afastar do lugar onde havia enfrentado tantas privações e começar uma nova vida em outro lugar. Seus outros dois filhos, Ian e Alex, já eram adultos e tinham formado suas famílias. Assim, mãe e filha se mudaram para Londres, onde tinham a esperança de que Audrey conseguiria realizar seu sonho de se tornar uma bailarina.

Aos poucos, as nuvens foram se afastando e o céu parecia se abrir na vida de Audrey. Como precisava esperar várias semanas até que as aulas de dança começassem, decidiu procurar emprego.

Uma prima comentou que na Holanda estavam procurando figurinistas para um filme e a jovem ficou interessada. Jamais poderia ter imaginado que aquela participação no filme *Holandês em sete lições* (*Nederlands in zeven lessen*) acabaria sendo um marco do cinema mundial por ter sido a primeira vez de Audrey Hepburn na telona.

Depois dessa pequena participação, que lhe rendeu algum dinheiro, voltou a Londres, em meados de 1948, e começou a fazer aulas no instituto de dança de Marie Rambert, uma famosa bailarina.

Praticava desde as dez da manhã até às seis da tarde. O treinamento era intenso, mas a jovem o realizava com entusiasmo porque achava que o esforço valia a pena.

Para ganhar a vida e pagar as aulas de dança de sua filha, a baronesa realizou trabalhos diversos: foi recepcionista de um hotel, decoradora e até cuidou de filhos de turistas ricos. Audrey também ajudava: trabalhou como recepcionista, secretária e, também, modelo fotográfica.

No entanto, apesar dos sacrifícios, a jovem teve que aceitar que seu sonho não se tornaria realidade. Marie Rambert reconhecia que Audrey tinha condições de ser bailarina, mas acreditava que ela havia começado a treinar profissionalmente muito tarde, pois já tinha dezenove anos. Além disso, media 1,70m, era muito alta para ser bailarina.

A jovem agora teria que procurar um emprego em tempo integral e um novo sonho. Audrey, que tinha sobrevivido a uma guerra, que estivera prestes a morrer, estava convencida de que, quando um sonho não ia para a frente, era apenas porque outro sonho, ainda maior, se tornaria realidade.

4. SEM PLANEJAR, ENCONTROU SEU DESTINO

Em outubro de 1948, já sabendo que não se tornaria bailarina profissional, Audrey guardou as sapatilhas de ponta e continuou sua vida. Muito tempo depois, ela diria: "Meu sonho era vestir um tutu e dançar no Covent Garden".

Naquele ano, participou de uma comédia musical chamada *High Button Shoes*. Finalmente conseguiria dançar e ainda seria paga para isso!

Nos três anos seguintes, participou de diversos musicais e filmes menores. Por ser muito responsável e perfeccionista, fazia aulas de interpretação e de canto, queria fazer seu trabalho da melhor maneira possível.

Mas não pensem que ela só se dedicava ao trabalho. No início de 1951, conheceu um empresário chamado James Hanson, sete anos mais velho do que ela. Audrey e James se apaixonaram.

Naquele mesmo ano, foi chamada para participar de um filme que seria rodado em Mônaco, na Europa. Pensou ser uma boa oportunidade para mudar de ares. Talvez, em alguma folga, poderia ir à praia também. Assim, aceitou o papel e viajou para lá em maio.

Certa tarde, enquanto filmavam uma cena do filme, uma mulher cadeirante parou para ver as gravações e observou Audrey com atenção. Era a famosa escritora Sidonie-Gabrielle Colette. Estava procurando uma protagonista para a adaptação teatral de um de seus romances: *Gigi*.

Aquela peça de teatro seria apresentada na Broadway, região onde se concentram os principais teatros de Nova York, e nenhuma atriz havia convencido Colette até aquele momento. No entanto, naquela tarde em Mônaco, tinha encontrado a atriz que buscava. Colette convidou Audrey para ir a seu hotel e ofereceu a ela o papel da protagonista *Gigi*.

Audrey não tinha certeza se deveria aceitar um papel de protagonista:

— Para mim, é uma grande honra saber que você acredita que eu possa ser Gigi. Mas, sinceramente, sou apenas uma bailarina. Não poderia aceitar esse desafio. Não estou preparada...

— *Oui, ma chère. Tu es prête* (Sim, minha querida. Você está pronta). Se é bailarina, apesar do intenso treinamento que a profissão exige, sem dúvida você pode ser minha Gigi — respondeu Colette.

Naquela noite, a jovem recebeu, no quarto de hotel, uma foto autografada de Colette, na qual se lia: "Para Audrey Hepburn. O tesouro que encontrei na praia".

E Audrey encontrou seu destino.

As coisas aconteceram depressa, como quando estamos dentro de um trem em movimento e vemos a paisagem pela janela.

Enquanto preparava sua viagem a Nova York para protagonizar *Gigi* na Broadway, James a pediu em casamento. Ela estava apaixonada por ele, e aceitou a linda proposta. Juntos resolveram que, depois das apresentações da peça, ela voltaria para Londres e eles se casariam.

Mas a vida nem sempre sai como planejamos e pode nos surpreender.

Ser protagonista de uma peça na Broadway exigia muito trabalho e envolvia obrigações, já que tinha que ensaiar todos os dias.

Às vezes, Audrey fazia uma pausa para passear pelas ruas de Manhattan. Caminhava olhando para os outdoors luminosos.

Quanta luz! Quanta gente! Nova York parecia mágica. A peça foi um sucesso. Depois da primeira semana de apresentações, colocaram o nome dela em destaque na marquise do teatro. Ainda assim, Audrey continuava sendo humilde. Quando os jornalistas perguntavam sobre a mudança repentina em sua vida causada pelo sucesso, ela respondia:

"Ainda tenho que aprender a interpretar!"

Em todas as entrevistas, a atriz principiante citava todo o elenco.

Não queria ser a única a brilhar. Durante toda a vida, Audrey teve a capacidade de olhar para as pessoas que a cercavam para ajudá-las a crescer. Entendia, com clareza, que no céu não brilha apenas uma estrela. Brilham muitas. E é assim que se ilumina o firmamento.

Naquela época, William Wyler, um importante diretor de Hollywood, estava prestes a gravar um filme chamado *Roman Holiday* (conhecido como *A Princesa e o Plebeu*, no Brasil). Era uma comédia sobre uma princesa europeia que passa um dia como uma pessoa normal e acaba apaixonada por seu companheiro de aventuras, um jornalista.

Gregory Peck, um ator conhecido em todo o mundo, havia sido chamado para representar o personagem protagonista, o jornalista.

Ainda era preciso definir quem interpretaria a princesa. Wyler soube que havia uma atriz novata que começava a ter sucesso na

Broadway. Foi vê-la para pedir que fizesse um teste para o filme. A atriz era Audrey.

Ela era tímida e os testes foram difíceis para ela. Wyler percebeu isso. Assim, pediu para o cameraman que continuasse gravando Audrey quando ela terminasse de interpretar. Queria ver Audrey distraída, tranquila e simpática, a moça que falava com técnicos e assistentes sem a pressão da atuação. E foram esses minutos que convenceram Wyler. Tinha encontrado sua princesa.

O namoro com James continuava, por mais difícil que fosse manter a relação à distância. Audrey continuava pensando em se casar e ter filhos. A fama repentina não tinha alterado seus planos.

Para poder gravar o filme em Roma, os produtores concordaram que Audrey suspenderia a peça de teatro, e a retomaria futuramente com uma turnê nacional.

Antes de começar a filmar em Roma, teve miniférias com James em Paris. Queriam ficar sozinhos. Mas nem assim conseguiram melhorar a relação. A distância os havia separado. Havia rumores de que James mantinha casos com outras mulheres. Mas Audrey não era fofoqueira e não gostava de boatos. A realidade era outra: o amor havia acabado. Agora pretendia se dedicar a sua carreira.

As gravações de *A Princesa e o Plebeu* foram exaustivas. Além do calor sufocante do verão em Roma, havia também as muitas hora de filmagens. Wyler era muito perfeccionista e fazia os atores repetirem as cenas várias vezes. Mas Audrey nunca reclamava. Além disso, estava encantada e se sentia grata pela oportunidade dada pela vida. Pensava na quantidade enorme de pessoas que não tinham tido sua sorte. Era simpática e dona de um ótimo senso de humor. Todos os colegas a adoravam.

Quando terminou o filme, Audrey voltou para os Estados Unidos para começar a turnê nacional com a peça *Gigi*.

Durante a peça, em cada cidade, tinha que dar muitas entrevistas. Audrey não se parecia em nada com o modelo de beleza que representavam as atrizes de Hollywood naquela época, como Marilyn Monroe ou Elizabeth Taylor.

Mais de uma vez, perguntaram para ela, em entrevistas, se pensava em mudar sua aparência por meio de cirurgias para chegar àquele modelo de beleza, e ela respondia:

I would be myself. Or not at all.

(Eu seria eu mesma. Ou não seria nada.)

Ficava claro a todos que aquela mulher magra só era frágil na aparência. Audrey estava decidida a vencer sendo quem era. Vulnerável e forte ao mesmo tempo. Delicada, mas decidida.

E em muito pouco tempo, o mundo inteiro conheceu seu nome.

5. TRANSFORMOU-SE EM UMA ESTRELA

Em 1953, Audrey trabalhava sem parar. Tinha trocado o sonho de ser bailarina pelo de se transformar em uma atriz bem-sucedida.

Além da turnê nacional com a peça de teatro *Gigi*, estava se aproximando a data da estreia do filme *A Princesa e o Plebeu*. Por mais que ela gostasse de seu trabalho e fosse se aperfeiçoando na interpretação, por dentro continuava sendo aquela menina de Arnhem, insegura e vulnerável. Preocupava-se com a crítica, principalmente porque não queria decepcionar seus colegas.

Enquanto esperava, ansiosamente, a estreia do filme, Audrey aceitou a oferta do diretor de cinema Billy Wilder para protagonizar *Sabrina*, a história da filha do chofer de uma família rica que regressava, depois de um longo período, transformada em uma mulher muito atraente, e era cobiçada pelos homens da casa.

A pedido da jovem atriz, seu figurino para o filme deveria ser comprado totalmente em Paris. Ali, conheceu um jovem desenhista que estava começando sua carreira, chamado Hubert de Givenchy. Ele não só desenhou o figurino de Audrey, como também se tornou amigo íntimo e designer dela para sempre. A amizade entre eles era tão forte que Audrey chegou a dizer: "Há poucas pessoas de quem gosto mais do que Hubert. É uma pessoa íntegra". Juntos, eles criaram um estilo, simples e elegante ao mesmo tempo, que se tornou moda entre as mulheres da época. Esse estilo simples, sem enfeites, tem perdurado no tempo até a atualidade.

Em agosto de 1953, houve a estreia, nos Estados Unidos, de *A Princesa e o Plebeu*. Os jornais fizeram muitas críticas positivas.

Apesar de estar feliz, Audrey sabia que a imprensa era capaz de endeusá-la em um dia e enterrá-la em outro. Por isso foi muito cuidadosa. "Devo tentar manter o equilíbrio", pensava.

Mas não só a imprensa e o público estavam encantados com ela. No fim de 1953, a Academia de Artes e Ciências Cinematográficas a indicou ao Oscar na categoria de Melhor Atriz.

Alguns meses antes, Audrey tinha conhecido Mel Ferrer em um jantar em Londres. Ele era doze anos mais velho do que ela e trabalhava como ator, diretor e produtor de cinema e de teatro. Audrey havia ficado encantada, mas naquele momento, Mel estava casado.

Em novembro de 1953, o ator voltou a aparecer em sua vida. Ele tinha ido procurá-la em Nova York especialmente para pedir que protagonizasse, com ele, *Ondine*, uma peça clássica de teatro. Audrey ficou encantada. Em fevereiro de 1954, a peça estreou sem boas críticas a não ser pela atuação de Audrey.

No dia 25 de março, ocorreu a cerimônia de entrega do Oscar.

Duas coisas diferenciavam Audrey das outras atrizes indicadas: por um lado, era seu primeiro papel de protagonista no cinema e, por outro, ela era a única daquelas atrizes que não estava estreando um vestido de festa deslumbrante. A jovem atriz tinha escolhido um dos vestidos usados por ela em *A Princesa e o Plebeu*, reformado por seu grande amigo Givenchy. A elegância de Audrey não tinha a ver com as roupas nem com as joias. Era sua postura o que a distinguia.

Estava sentada em sua poltrona, um pouco nervosa. Era quase impossível vencer suas colegas. Mas como ela mesma diria anos depois: "Nada é impossível".

Donald O'Connor, o apresentador da cerimônia, anunciou que o responsável por revelar a vencedora do Oscar de melhor atriz seria ninguém menos que um dos principais atores da época: Gary Cooper, que na época estava gravando um filme de caubóis no México.

A telona se iluminou para mostrar uma cena da qual participavam umas cinquenta pessoas, entre atores e figurantes. No centro, de costas, estava Gary Cooper. Ele se virou e começou a se aproximar da câmera, com desenvoltura, como se estivesse interpretando seu papel. Sorrindo, pegou um papel branco do bolso de seu casaco e leu o nome das cinco indicadas: Leslie Caron, Ava Gardner, Audrey Hepburn, Debora Kerr e Maggie MacNamara.

And the winner is..., disse Gary Cooper. Mas estava com o papel no qual não estava a resposta. Então, passou a palavra ao apresentador da cerimônia que, depois de algumas piadas, tomou o controle e anunciou:

Ladies and gentleman in New York City, Miss Audrey Hepburn in Roman Holiday!

(Senhoras e senhores da cidade de Nova York... Srta. Audrey Hepburn em *A princesa e o Plebeu*!).

O teatro foi tomado por aplausos. Audrey, sentada na primeira poltrona da quinta fileira, tornou-se o centro das atenções. Segurou-se nos braços da poltrona para se sustentar e poder ficar de pé. Caminhou com a coluna ereta, como se para ela fosse algo natural receber um Oscar. Tentando conter as lágrimas, pronunciou um breve discurso no qual demonstrou, uma vez mais, toda sua humildade e gratidão.

É demais. Demais.

Quero agradecer a todos que nos últimos meses e anos me ajudaram, orientaram e se doaram tanto. Estou muito, muito agradecida.

Não poderia estar mais feliz.

Três dias depois, ganhou um Tony, um prêmio equivalente ao Oscar, mas no teatro. Um Tony e um Oscar. E tinha apenas vinte e cinco anos.

Tantas emoções, tanto trabalho sem descanso e uma vida social tão ativa causaram estragos na saúde física e mental de Audrey. Assim que terminaram as apresentações de *Ondine* e as gravações de *Sabrina*, decidiu descansar na Suíça. Depois, no dia 24 de setembro de 1954, ela se casou com Mel Ferrer, que tinha se divorciado de sua esposa. Passaram apenas quatro dias de lua de mel em Roma, devido ao trabalho de seu marido.

Mel e Audrey eram muito diferentes. Ele era muito ambicioso. Por sua vez, Audrey desfrutava da vida tranquila em sua casa na Suíça com o marido e esperava que, algum dia, teriam filhos. Mel, por sua vez, estava sempre em busca de papeis principais para si, e aproveitava o fato de estar casado com a estrela do momento para envolver Audrey em seus projetos.

Mel Ferrer convenceu a esposa a participar do filme *Guerra e Paz*, uma adaptação do livro do escritor russo Leon Tolstoi. Esse filme estreou em 1956 e, apesar de ser um dos mais caros da história de Hollyood, não teve o sucesso esperado.

Depois dessa megaprodução, Audrey atuou em mais dois filmes, um deles com o consagrado ator e bailarino Fred Astaire.

Por questões de trabalho, Mel e Audrey não conseguiam passar muito tempo juntos e o casal não passava por um bom momento. Apesar de tudo, Audrey aceitou trabalhar em um novo projeto para o cinema, dirigido por seu marido.

Enquanto filmava, o roteirista Robert Anderson enviou a ela um livro para que ela o lesse. Queria fazer um filme baseado naquele texto. Era a história de uma freira que trabalha como enfermeira em um hospital da África. Audrey sentiu que o papel era para ela. Terminou de gravar o filme com seu marido e voou para Los Angeles para assinar contrato com Anderson. Em breve, faria o papel que, segundo a imprensa especializada, seria o melhor de sua vida.

6. REALIZOU SEU MAIOR SONHO

Sua preparação para interpretar o papel no filme *Uma cruz à beira* do abismo foi muito diferente da preparação para seus filmes anteriores. Não havia figurino nem maquiagem suntuosos. Audrey levou tão a sério o papel que revisou e estudou cada detalhe da vida da freira, já que a história era baseada em uma história real. O nível de comprometimento foi tão grande que nos dias em que tinha que interpretar, Audrey não escutava o rádio nem música para poder se concentrar melhor.

Uma cruz à beira do abismo, filmado no Congo Belga, na África, estreou em 1959, alguns meses depois do filme dirigido por seu marido e que acabou sendo um fracasso. Por outro lado, o público e a crítica amaram a história, foi um sucesso arrebatador. Audrey conseguiu entrar tão bem na personagem que ninguém conseguia acreditar que se tratava de uma interpretação, e não a própria freira participando do filme.

Essa interpretação rendeu a ela sua terceira indicação ao Oscar, já que, em 1954, também tinha sido indicada por *Sabrina*. Em toda a sua carreira, Audrey Hepburn foi indicada cinco vezes pela Academia na categoria de Melhor Atriz, mas só ganhou o prêmio uma vez.

Enquanto isso, seu casamento seguia por um mar revolto. O sucesso de Audrey como atriz contrastava com os fracassos dos projetos nos quais Mel estava envolvido. Além disso, um dos maiores desejos da atriz era ser mãe. Tinha sofrido dois abortos espontâneos e isso a havia entristecido profundamente.

Também havia outra questão que a deixava muito preocupada. Audrey nunca tinha se esquecido de seu pai, que não via desde pequena. Sentia necessidade de encontrá-lo. Com a ajuda de Mel, deu início a uma investigação e conseguiram localizá-lo.

Em 1959, Audrey e seu pai, Joseph Ruston, se encontraram na Irlanda, onde ele vivia com a esposa. O encontro não foi caloroso. Não teve nada de diferente da relação que tinham quando ela era criança.

Audrey compreendeu que Joseph tinha dificuldade para demonstrar sentimentos. Aceitava que seu pai era assim. Depois desse reencontro, teve paz.

E a partir daquele momento, Audrey decidiu ajudá-lo financeiramente, enviando a ele uma mesada durante toda a vida. Além disso, adquiriu o hábito de escrever cartas que sempre terminavam com a frase: *"Com todo o meu amor, MP"*. Eram as iniciais de Monkey Puzzle, apelido que o pai havia lhe dado quando eles moravam juntos.

O que significava? Numa tradução literal, seria "Quebra-cabeça de macaco". Joseph havia dado esse apelido à filha porque dizia que ela era muito difícil de entender, de decifrar, como um quebra-cabeça.

Voltar a ser chamada de Monkey Puzzle foi uma ótima maneira que Audrey encontrou para mostrar ao pai que ela continuava se sentindo filha dele, a mesma filha que ele pegava no colo.

Tanto Joseph como a baronesa comemoraram a notícia da gravidez de Audrey. Sean Hepburn Ferrer nasceu no dia 17 de julho de 1960. Desde a maternidade, Audrey se sentiu dividida por dois sentimentos: a vontade de ficar em casa com seu filho, seu maior tesouro, e também a vontade de levar a carreira adiante.

Em 1961, ofereceram a ela a personagem principal do filme *Bonequinha de Luxo*. A interpretação que fez da extrovertida e sofisticada Holly Golightly, protagonista do filme, é a mais recordada até hoje. Foi um grande desafio para Audrey, já que ela era muito introvertida.

O filme se baseava em um livro escrito por Truman Capote, um dos escritores mais importantes da literatura norte-americana do século XX. O próprio Capote não estava convencido com a escolha de Audrey para interpretar o papel. Ele imaginava uma Holly mais ao estilo de Marilyn Monroe. Também não gostava do fato de terem mudado seu livro, que acabou se transformando em uma comédia romântica com final feliz.

Essa obra clássica do cinema foi um dos maiores sucessos de Audrey. O figurino, desenhado por Givenchy, fez dela um ícone da moda. Todas as mulheres queriam ser Holly. Todas queriam ser Audrey. O novo filme rendeu a ela a quarta indicação ao Oscar de melhor atriz.

Sua vida profissional e o papel de mãe lhe traziam grande felicidade, mas seu casamento causava grande tristeza. No entanto, ela não se rendia, queria que a relação com Mel desse certo.

Em 1962, filmou *Charada*, e durante os três anos seguintes, *Minha Bela Dama*, *Quando Paris Alucina* e *Como roubar um milhão de dólares*.

E seu casamento? Ia de mal a pior e não mais conseguia disfarçar.

Ao terminar de filmar *Como roubar um milhão de dólares*, Audrey sofreu a perda de outra gestação. E, mais uma vez, foi acometida pela depressão.

No fim de 1967, Mel e Audrey trabalharam juntos pela última vez em *Um Clarão nas Trevas*, um filme produzido por ele no qual ela interpretava uma mulher cega que era oprimida em sua casa.

O diretor do filme era um inglês chamado Terence Young, que havia sido ferido durante a batalha de Arnhem durante a Segunda Guerra Mundial. Audrey e o diretor eram unidos por uma história de irmandade por terem vivido, na mesma época, o horror da guerra.

Para poder interpretar uma mulher cega, Audrey estudou o sistema braile e se matriculou em uma escola para cegos onde, com os olhos fechados, aprendeu a caminhar com uma bengala. Queria saber exatamente o que sentia uma pessoa que não conseguia enxergar. Sua intepretação lhe rendeu a quinta indicação ao Oscar de melhor atriz.

Quando terminaram de filmar esse filme, o casal se divorciou.

A partir de então, Audrey se afastou dos sets de gravação. Cuidava de seu filho, organizava reuniões com amigos, visitava a mãe e, às vezes, era modelo fotográfica para publicidade.

Em um cruzeiro pelas ilhas gregas, conheceu Andrea Dotti, um psiquiatra italiano, com quem se casou em janeiro de 1969. Em seguida, foram morar na Itália.

No dia 8 de fevereiro de 1970, nasceu seu segundo filho, Luca, o único de seu casamento com Andrea Dotti.

No fim daquele ano, um representante da Unicef a visitou para pedir sua participação em uma apresentação especial na televisão para o Natal. O objetivo era arrecadar fundos para essa organização, que oferece ajuda às crianças carentes das regiões do planeta onde mais há necessidade. Ela não teve dúvidas e, encantada, aceitou.

No dia 22 de dezembro de 1970, Audrey apareceu diante das câmeras pela primeira vez em três anos. Nessa aparição, cantava, falava com as crianças e as abraçava com imensa ternura.

7. CONSEGUIU O PAPEL MAIS IMPORTANTE DE SUA VIDA

O casamento com Andrea Dotti não ia bem, por mais que Audrey desejasse, com todo seu ser, que desse certo. Ela se negava a aceitar um segundo fracasso matrimonial. Fez todo o possível para salvar a união.

Em 1976, voltou à tela grande com o filme *Robin e Marian*, baseado na história de amor entre Lady Marian e Robin Hood. Depois, filmou *Bloodline*, e entre os projetos, o inevitável: divorciou-se de Dotti.

Isso lhe causou uma grande tristeza, mas agora, com dois filhos, sentia que não podia se deixar abater.

Em 1980, conheceu Robert Wolders. Ele era de Holanda, como a família materna dela, e os dois se divertiam por poder falar holandês com alguém. Audrey estava no meio de seu divórcio e Rob era viúvo. Pouco a pouco, eles se tornaram amigos e, depois de um tempo, se apaixonaram.

Assim, no início da década de 1980, também teve início um período de paz na vida da atriz. Filmava quando realmente sentia vontade, quando o trabalho lhe parecia apropriado e, quando não se sentia verdadeiramente motivada, dedicava-se à vida em família. Era feliz, sentia que tinha um homem maravilhoso ao seu lado, que cuidava dela e a protegia. Participou de mais dois ótimos filmes, e em 1986 protagonizou seu único filme para a televisão, chamado *Amor entre ladrões* (1987).

E então, ganhou o papel de sua vida. O papel em que melhor atuou. Aquele que sempre havia desejado. Em um filme? Não, na vida real.

Tudo começou em 1987, quando Rob e Audrey viajaram para a China para assistir a um festival de música organizado pela Unicef para arrecadar fundos.

Christa Roth, colaboradora da organização, realizou uma coletiva de imprensa da qual Audrey participou. "Sei perfeitamente como a Unicef trabalha com as crianças, porque estive entre os que receberam alimentos e ajuda médica de emergência logo depois da Segunda Guerra Mundial", comentou a atriz, lembrando-se do momento em que a UNRRA, a organização que logo se tornaria a Unicef, salvou sua vida.

Christa e Audrey, acompanhadas pelo sempre presente Rob, começaram a pensar na possibilidade de a atriz difundir o trabalho da organização. Em 1988, convencida de que seu apoio poderia ser ainda maior, Audrey escreveu uma carta à Unicef pedindo para colaborar e preencheu os formulários como se não fosse a estrela que era. Mais uma vez, demonstrou sua humildade. Naquele mesmo ano, foi nomeada Embaixadora da Boa Vontade da Unicef.

Poucos dias depois de ser nomeada, ela e Rob viajaram para a Etiópia, na África, que na época era um dos países mais pobres do mundo e se encontrava tomado por diversas epidemias, o que representava um grande risco. Viajaram para lá em um avião militar, em condições precárias, sentados em cima de sacos de arroz. Caminharam por campos de refugiados, visitaram hospitais, pegaram no colo crianças doentes, à beira da morte.

Mas quem se sentia morrendo era Audrey. Como era possível que no mundo, coisas como aquelas acontecessem? Lembrou-se das várias vezes em que se viu deprimida pelos abortos sofridos ou pelos casamentos fracassados. Tudo isso, naquele momento, parecia insignificante. Os verdadeiros problemas estavam ali: a fome, a desnutrição, a falta de água potável e a impossibilidade de acesso à educação.

Naquela viagem, Audrey entendeu que sua única meta na vida era ajudar aquelas crianças, como já tinha sido ajudada. Usaria seu nome para servir a essa causa.

O casal conseguiu grande sintonia na nova ocupação da atriz. Rob estava cuidando da agenda dela e a acompanhava em todas as atividades humanitárias.

Ao voltar da Etiópia, Audrey viajou para Nova York. Em poucos dias, deu dezenas de entrevistas em diversos meios de comunicação, participou de programas de televisão e de diversas campanhas. Seu objetivo era expor as necessidades dos povos africanos. O mundo todo tinha que se conscientizar.

Ao longo de sua carreira artística, Audrey sempre se mostrou reservada e até tímida com a imprensa. Não gostava de falar de seus sucessos nem de sua vida privada. Mas quando o assunto era explicar as condições de vida e o sofrimento das crianças que tinha conhecido na África, mostrava-se muito firme e eloquente.

Depois da visita a Nova York, o casal passou alguns dias em Tolochenaz, na Suíça, onde viviam. Mas foi somente um descanso, porque logo depois partiram para outra viagem.

Dessa vez, partiram com destino a Turquia, onde a Unicef atuava sem descanso em uma campanha de vacinação em massa de crianças contra as seis doenças que mais matavam: sarampo, tuberculose, coqueluche, tétano, difteria e pólio.

Audrey não só falava com a imprensa para difundir a campanha, mas também realizou o trabalho das enfermeiras, vacinando as crianças. Seu compromisso era total.

A estrela de Hollywood, a mulher que tinha se cercado dos grupos de pessoas mais privilegiadas, realizava essa tarefa humanitária com enorme dedicação. Dizia: "Não se trata de um sacrifício, é um presente que me deram".

Embora Audrey tivesse deixado sua profissão de lado, ainda participava de campanhas de publicidade. Naquela época, protagonizou uma campanha publicitária para uma empresa de cosméticos, pela qual lhe pagaram cinquenta mil dólares. Audrey reuniu milhares de dólares a mais a essa quantia e doou tudo às vítimas de um destruidor terremoto que tinha ocorrido na Armênia. Esse tipo de doação se tornou um hábito.

Audrey continuou com suas viagens como representante da Unicef. No fim do ano de 1988, Audrey e Robert tinham visitado catorze países, entre os quais – além da Etiópia – estavam Sudão, Vietnã, Guatemala, Venezuela, Equador, Bangladesh e Tailândia, entre outros.

Ocupou-se ajudando em missões humanitárias, organizando eventos beneficentes para arrecadar fundos ou colaborando com a promoção da organização dedicada às crianças.

Audrey, com muita alegria e emoção, foi testemunha do momento em que as comunidades que viviam em bairros precários receberam água pela primeira vez, como se fosse um milagre. Esse milagre se chamava Unicef. A água potável, um elemento essencial para a vida humana, era fornecida por essa organização.

unicef

Em todos os locais por onde passava, era recebida calorosamente com cartazes de boas-vindas.

Em cada visita que fazia, não hesitava em abraçar as crianças doentes e desesperadas que se reuniam ao redor dela, encantados; todas queriam segurar sua mão, todos queriam abraçá-la. Ela dava amor e consolo a todas elas.

Quando não estava em alguma missão, Audrey quase não descansava. Entre outras atividades, organizava festas beneficentes para arrecadar fundos. Além disso, antes de visitar cada país, se informava sobre os principais problemas que afetavam a população. E, quando voltava das missões humanitárias, realizava coletivas de imprensa e entrevistas para promover o trabalho realizado pela Unicef. Ela própria redigia os textos de seus discursos.

Em março de 1990, houve a apresentação de *O Diário de Anne Frank*, um musical, patrocinado pela Unicef, no qual Audrey narrava, acrescentando fatos de sua vida pessoal, a história da menina que havia morrido em um campo de concentração durante a Segunda Guerra Mundial.

Michael Tilson Thomas, regente de orquestra e compositor norte-americano agregou música à narração com base na melodia da voz da atriz. Todo o dinheiro arrecadado nesse show foi destinado às ações humanitárias da organização.

O último destino de Audrey foi a Somália, um país africano arrasado pela fome e pela guerra civil. Audrey e Rob conseguiram autorização para visitá-lo em setembro de 1992, depois de pedir por muito tempo. Naquele país, Audrey teve uma das experiências mais dramáticas de toda sua vida.

"Eu me senti dentro de um pesadelo", disse Audrey. "Já vi fome na Etiópia e em Bangladesh, mas não vi nada igual a isso, é muito pior do que poderia ter imaginado. Não estava preparada para essa experiência. É muito difícil de explicar, não há palavras para descrever".

A Somália estava tomada pelo caos. Não havia governo. Também não havia eletricidade, água nem comunicação. A maior parte da população morria de fome.

Não havia alimentos, gado nem grãos. Não havia nada. Ao longo das estradas, era possível ver animais mortos e pessoas vagando sem rumo, como se fossem fantasmas. As crianças mal conseguiam sobreviver. O país só se mantinha com a ajuda de organizações humanitárias, como a Unicef.

Em um centro de distribuição de alimentos, Audrey, tomada de indignação e espanto, pegou um menino cuja idade não tinha como saber, pois ele era extremamente magro. Com o olhar perdido, olhou nos olhos dela, como se tentasse se comunicar. Poucos instantes depois, morreu em seus braços.

Aquilo foi uma punhalada no coração de Audrey.

A viagem à Somália foi desoladora, como estar no inferno. O que tinha visto naquele país havia desequilibrado seu mundo por completo. Mas, ao mesmo tempo, foi uma injeção de ânimo para continuar trabalhando pelos mais necessitados.

8. O LEGADO DE AUDREY

Como todas as vezes em que voltava de uma missão, depois da Somália, Audrey deu entrevistas à imprensa e à televisão. Visitou muitas cidades. Tinha que contar a todo mundo sobre as atrocidades que tinha visto na África. Nunca pensou que saber falar tantos idiomas seria tão útil! As pessoas tinham que saber o que acontecia. A Somália era responsabilidade de toda a humanidade.

E sua voz se fez ouvir. O relato de Audrey abalou o mundo inteiro.

Depois dessa última missão, Audrey parecia um pouco cansada.

Sentia dores abdominais cada vez mais frequentes, e por isso foi se consultar com um médico. Teve que realizar diversos exames durante muitos dias e, por fim, descobriu a causa dos desconfortos. Tinha uma doença terminal.

Ela, sempre otimista, tinha certeza de que com o tratamento adequado, se curaria. Submeteu-se a uma cirurgia nos Estados Unidos, mas a doença já estava muito avançada.

Antes de sair do país, recebeu a Medalha da Liberdade, a principal condecoração civil que o governo norte-americano oferece.

Passou o Natal de 1992 na Suíça, rodeada pelos filhos, por seu grande amor, Rob, Christa Roth, da Unicef, e por seu amigo de toda a vida, Hubert de Givenchy. Manteve o bom humor até o último momento.

Audrey Hepburn, a menina de olhos escuros, faleceu em sua casa em Tolochenaz, na Suíça, cercada por seus entes mais queridos no dia 20 de janeiro de 1993. Tinha sessenta e três anos.

unicef

Naquela noite, as estrelas brilharam como nunca no céu.

O trabalho de Audrey para a Unicef serviu de inspiração para que muitos outros dedicassem seu tempo e seus esforços para melhorar a vida das crianças carentes do mundo.

Em 1994, Sean Ferrer e Luca Dotti, seus filhos, e Robert Wolders, seu parceiro, criaram a Fundação Audrey Hepburn para dar continuidade ao trabalho humanitário da atriz.

A Fundação atualmente arrecada fundos para desenvolver programas comunitários na área da saúde e da educação. Também oferece o prêmio da Fundação Audrey Hepburn às personalidades que se dedicam a ajudar as crianças. Como Audrey fez.

Conforme vamos crescendo, descobrimos que temos duas mãos; uma para ajudar a nós mesmos e outra para ajudar os outros.

Audrey Hepburn